Las alas

por Helen Gregory

Consultora:
Adria F. Klein, Ph.D.
California State University, San Bernardino

capstone
classroom
Heinemann Raintree • Red Brick Learning
division of Capstone

Muchos animales tienen alas. Algunos usan las alas para volar.

Este ave extiende sus alas para volar.

Las alas de las aves tienen plumas que las ayudan a volar.

Las alas son coloridas.
Y abrigan a las aves.

Los insectos también tienen alas.

Las abejas tienen alas.

Las alas de las mariposas tienen muchos colores.

Esta polilla tiene grandes manchas para asustar a sus enemigos.

Las catarinas esconden sus alas debajo de un caparazón duro.

Los saltamontes usan las alas para producir sonidos.

Solo un mamífero tiene alas.
Es el murciélago.

Los pingüinos tienen alas, pero no pueden volar. Las usan para nadar.

Otros animales tienen alas, pero no pueden volar ni nadar.

El avestruz no puede volar.
Es muy pesado.

¡Las alas de este cisne son hermosas!